おんなのこの服、てづくりの服

月居良子+H.H.

文化出版局

contents

いつか私のところに　おんなのこが　来てくれたなら
シンプルだけど　上質な素材で　とびっきりの服を
つくってあげたい　と　思っていた

それは　母が　私にしてくれたような
世界でたったひとつの　ハンドメード

おんなのこの服、てづくりの服

おんなのこの　しぐさもすべて
ただ　そこにいるだけで　存在そのものが　かわいいのだから
飾りたてることはない
彼女の個性を　生かした　ナチュラルな　手しごとの　服
材料を　えらんで　想像しながら　つくりあげるまでの
ワクワクするような　キモチ　と　ジカン　は
とても　ぜいたくな　ステキな　ひととき！

いつか　おんなのこが　来てくれたなら
きっと　プレゼントしたい……
それが　私の　しあわせな　夢

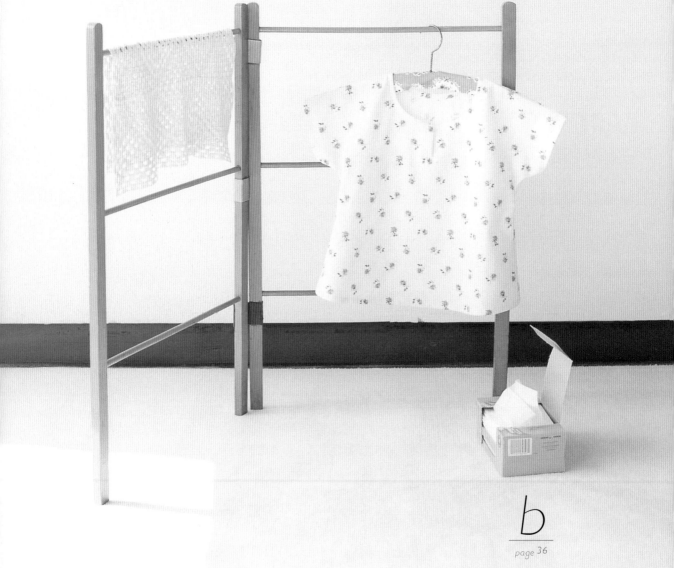

b
page 36

C

page 38

e
page 44

f

page 46

page 50

h

page 52

J
page 56

k

page 58

page 60

m

page 62

page 65

page 68

P

page 70

q

page 72

r

page 74

S
page 76

t

page 78

how to make

サイズについて

この本の作品は、下記のサイズを基にしたもので、身長100、110、120、130、140cmまで作れます。お子さんのサイズをはかり、パターンを選んでください。

ブラウスやワンピースの着丈、スカート丈はお子さんに合わせて調節してください。

帽子はSS、S、M、Lの4サイズが作れます。頭回りをはかってサイズを選んでください。

材料と裁合せ図について

本文の材料は、布は身長100、110、120、130、140cm用を表記しました。指定以外の1つの数字は全サイズに共通です。

直線だけのスカートやひも類は、布に直接線を引いて裁つじか裁ちをおすすめします。そのとき、縦に5つ並んだ数字は上から100〜140cmサイズになっています。

裁合せは、サイズの違いによって配置が異なることがあります。

参考サイズ表　　　　　　　　　　　　　　　単位はcm

身長	100	110	120	130	140
バスト	54	58	62	66	.70
ウエスト	49	51	53	55	57
ヒップ	57	61	65	70	75

サイズ	SS	S	M	L
頭回り	53	55	57	59

背中があいたキャミソールと、おそろいのリバティプリントを
さり気なくきかせたパンツ、帽子の3点セット。
ブリムが切りっぱなしのおしゃれな帽子は、裏表紙をご覧ください。

材 料

5サイズ表記以外、全サイズに共通
布（キャミソール、パンツ見返し、リボン、
　　ポケットのパッチワーク分）
　　［リバティプリント］110cm幅を……
　　　身長100cmは90cm、110cmは1m、120cmは1.1m、
　　　130cmは1.2m、140cmは1.3m
布（パンツ分）
　　［麻（ピュアリネン）］110cm幅を……
　　　身長100cmは1.4m、110cmは1.5m、120cmは1.6m、
　　　130cmは1.7m、140cmは1.9m
布（ポケットのパッチワーク分）
　　［ギンガムチェック］10×10cm
ゴムテープ……0.5cm幅30cm（キャミソール分）、
　　　　　　　　1.5cm幅60cm（パンツ分）
帽子＊全サイズに共通
布（帽子のブリム、表サイド、表トップ分）
　　［麻（ピュアリネン）］110cm幅60cm
布（帽子の裏サイド、裏トップ分）
　　［リバティプリント］110cm幅30cm
接着芯……90cm幅60cm
サイズテープ……70cm
モチーフ……適宜

作り方

キャミソール
1　後ろ身頃の上端を三つ折りにして縫い、
　　ゴムテープを通す
2　袖ぐりを三つ折りにして縫う
3　前身頃の上端を三つ折りにして縫う
4　脇を縫う
5　裾を三つ折りにして縫う
6　ひもを作り、通す

パンツ
1　ポケットを作り、つける（79ページ参照）
2　股上を縫う
3　股下を縫う
4　脇を縫う
5　見返しを縫い合わせて裾につけ、ステッチをかける
6　ウエストを三つ折りにして縫い、ゴムテープを通す
7　リボンを作り、つける

帽子
縫う前にブリムに接着芯をはる
1　ブリムを縫い合わせる
2　トップを縫い合わせる
3　サイドを縫う
4　トップとサイドを縫い合わせる
5　サイドとブリムを縫い合わせる
6　サイズテープをつける
7　周囲をほぐし、モチーフをつける

裁合せ図［リバティプリント］

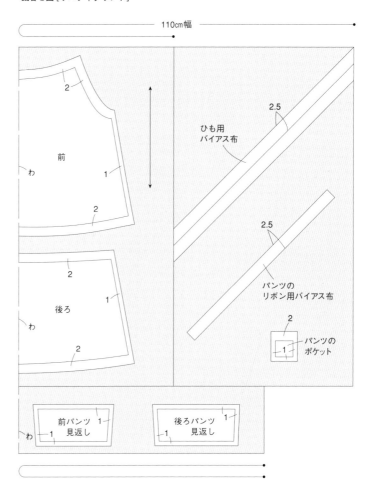

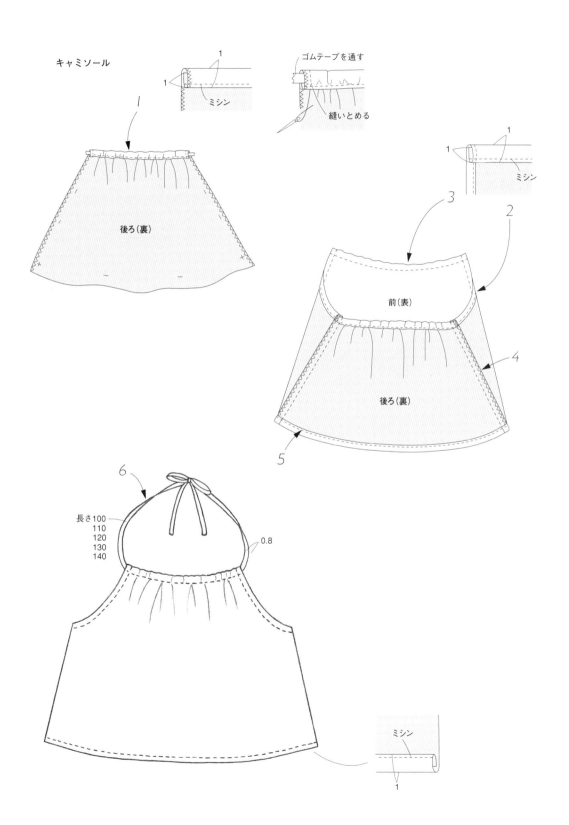

キャミソール

1

ミシン

ゴムテープを通す

縫いとめる

後ろ（裏）

1

ミシン

3

2

前（表）

4

後ろ（裏）

5

6

長さ100
　　110
　　120
　　130
　　140

0.8

ミシン

1

帽子

裁合せ図［麻（ピュアリネン）］

接着芯のはり方

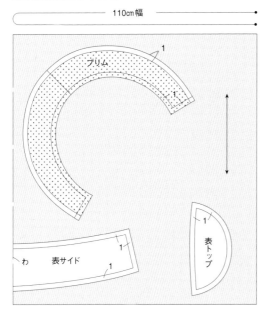

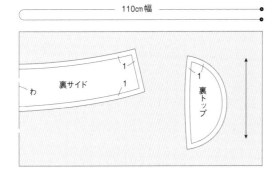

裁合せ図［リバティプリント］

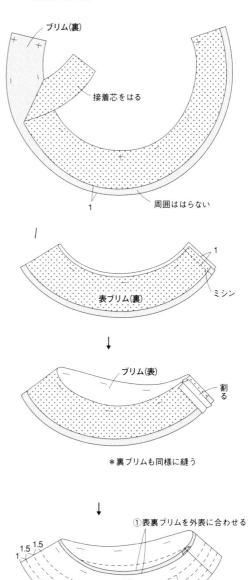

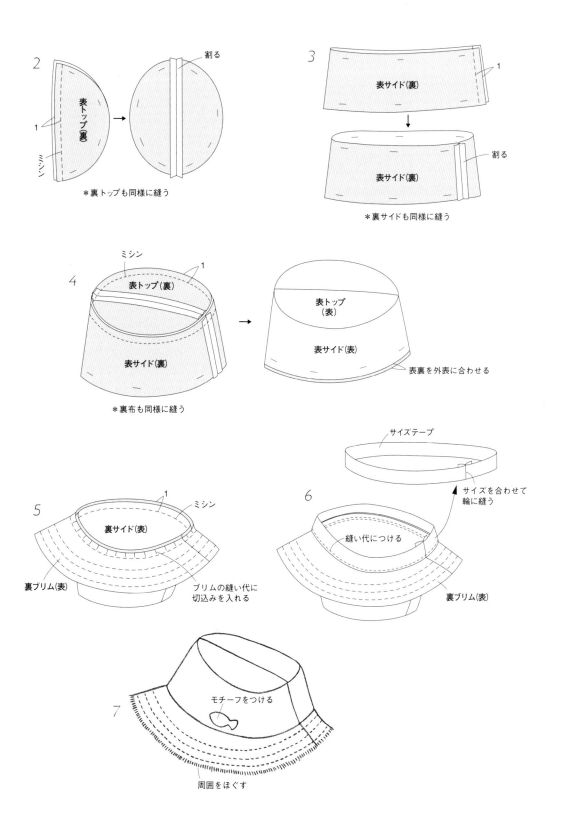

2　割る

表トップ(裏)

1

ミシン

＊裏トップも同様に縫う

3

表サイド(裏)

1

↓

表サイド(裏)

割る

＊裏サイドも同様に縫う

4　ミシン

表トップ(裏)

1

表サイド(裏)

→

表トップ(表)

表サイド(表)

表裏を外表に合わせる

＊裏布も同様に縫う

5

1　ミシン

裏サイド(表)

裏ブリム(表)

ブリムの縫い代に切込みを入れる

6

サイズテープ

サイズを合わせて輪に縫う

縫い代につける

裏ブリム(表)

7

モチーフをつける

周囲をほぐす

パンツ

裁合せ図［麻（ピュアリネン）］

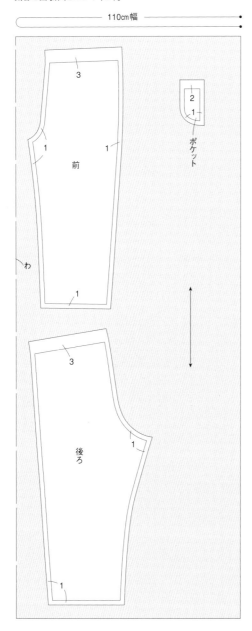

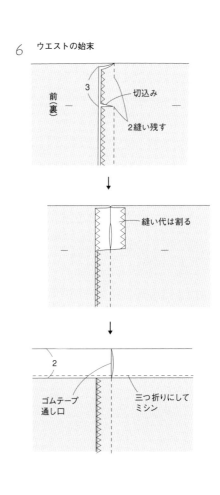

6 ウエストの始末

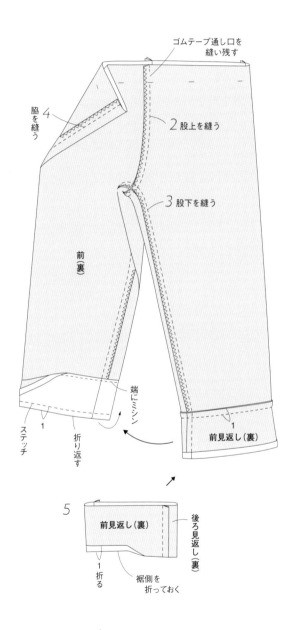

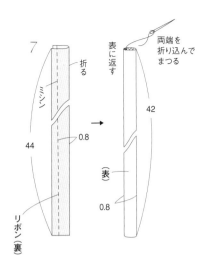

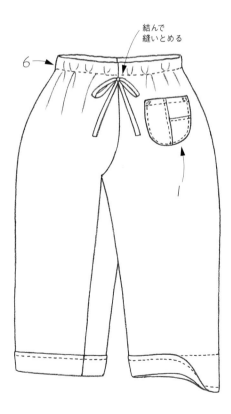

ゴムテープ通し口を
縫い残す

4 脇を縫う

2 股上を縫う

3 股下を縫う

前（裏）

端にミシン

ステッチ

1

折り返す

前見返し（裏）

5

前見返し（裏）

後ろ見返し（裏）

1
折る

裾側を
折っておく

7

折る

ミシン

44

0.8

リボン（裏）

両端を
折り込んで
まつる

表に返す

42

（表）

0.8

6

結んで
縫いとめる

Aラインのシンプルなブラウス。パンツはもちろん、スカートにも似合います。
衿ぐりをスラッシュあきにしたので、かぶって着られます。
身頃続きのフレンチスリーブだから、作るのは簡単。2～3時間で仕上がります。

材　料

5サイズ表記以外、全サイズに共通
布［綿プリント］110cm幅を……
　　身長100cm、110cmは1m、120cmは1.1m 、
　　130cmは1.2m、140cmは1.3m
接着芯……10×15cm

作り方

1　肩を縫う
2　見返しとバイアス布で衿ぐりを始末する
3　袖口を三つ折りにして縫う
4　脇を縫う
5　裾を三つ折りにして縫う

衿ぐりの始末

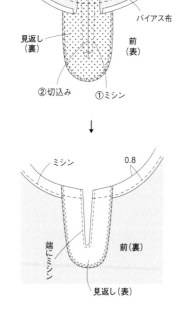

裁合せ図

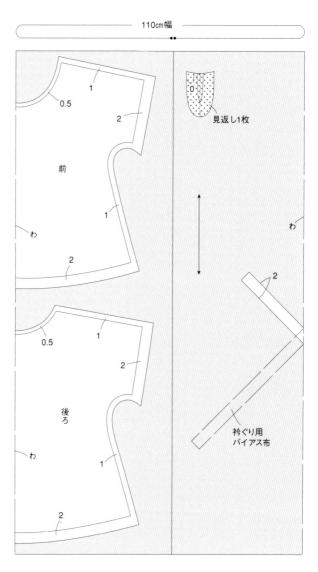

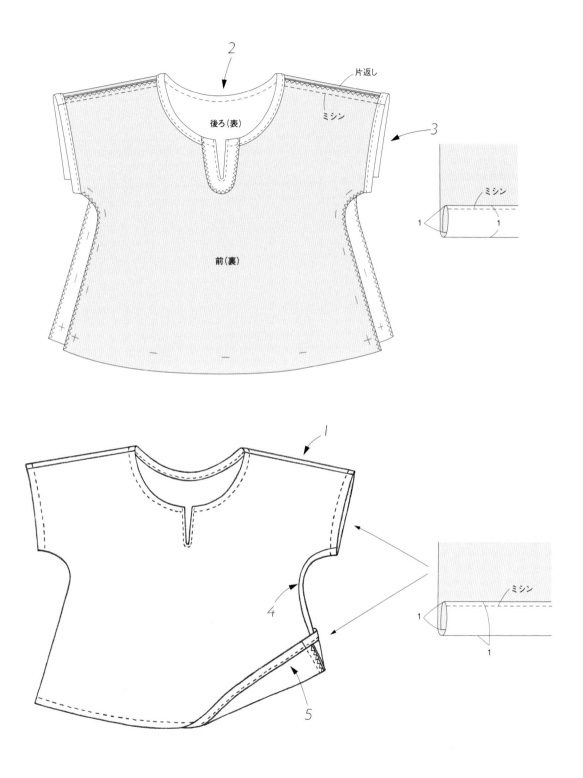

2

片返し

後ろ〔表〕

ミシン

3

ミシン

1

1

前〔裏〕

1

ミシン

1

4

1

5

C

page 3

2ページのブラウスと同じパターンを利用したブラウス。着丈をやや短く、
前にスモッキング刺しゅうをしたかわいいアレンジです。
スモッキング刺しゅうは、ギンガムチェックの模様にそって刺すので簡単です。

材　料

5サイズ表記以外、全サイズに共通

布[ギンガムチェック] 110cm幅を……
　身長100cm、110cmは90cm、120cmは1m、
　130cmは1.1m、140cmは1.2m

ボタン……直径1.5cmを1個

25番刺しゅう糸……1束

作り方

1　刺しゅう糸2本どりでスモッキング刺しゅうをする
　（81ページ参照）
2　後ろのあきを見返しで始末する
3　肩を縫う
4　衿ぐりをバイアス布で始末する
5　脇を縫う
6　袖口にギャザーを寄せ、バイアス布で始末する
7　裾を三つ折りにして縫う
8　ボタンをつける

裁合せ図

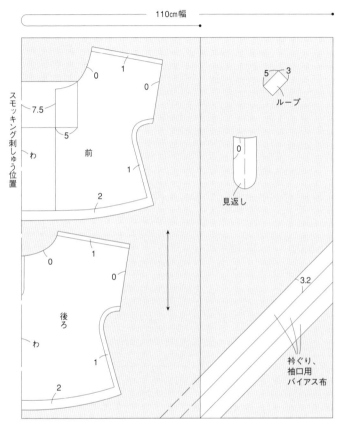

後ろのあきの始末

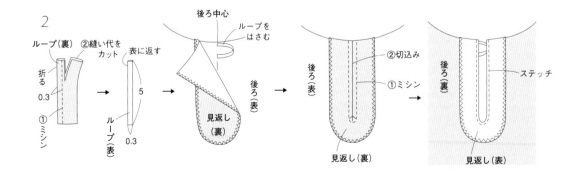

袖口の始末

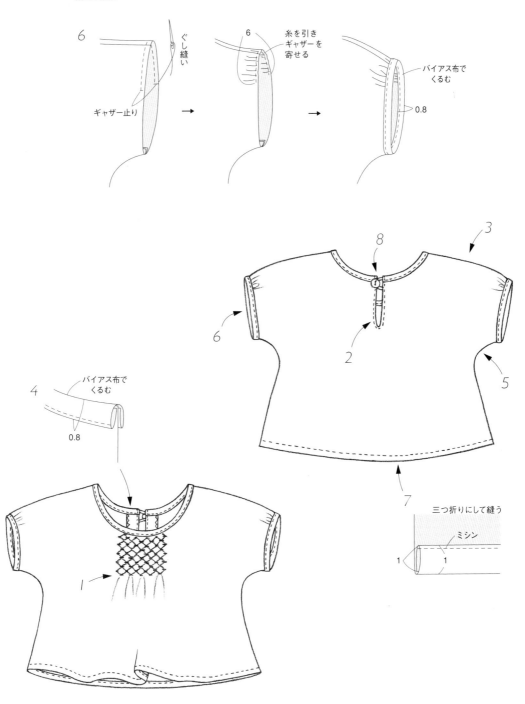

6 ぐし縫い
ギャザー止り

6 糸を引き
ギャザーを
寄せる

バイアス布で
くるむ
0.8

8
3
6
2
5
7

4 バイアス布で
くるむ
0.8

1

三つ折りにして縫う
ミシン
1 1

page 4

花プリントとストライプをコーディネートした、女の子がかわいく見える
愛らしいエプロン。Tシャツや20ページのブラウスに合わせましょう。
おそろいのバッグは、裁つのも縫うのも直線だから案外簡単に作れます。

材　料

5サイズ表記以外、全サイズに共通
布（エプロン分）
　[花プリント、ストライプ共通] 110cm幅を……
　　身長100cm、110cmは各50cm、120cm60cm、
　　130cm、140cmは各70cm
布（バッグ分）
　[ストライプ] 50×60cm
　[花プリント] 30×60cm
くるみボタン……直径2.8cmを1個

作り方

エプロン
1　ポケットを作り、つける
2　ひもを作る
3　ひもをはさみ、後ろ中心を三つ折りにして縫う
4　肩を縫う
5　脇を縫う
6　裾を三つ折りにして縫う
7　袖ぐりをバイアス布で始末する
8　衿ぐりをバイアス布で始末する

バッグ
1　脇を縫う
2　まちを縫う
3　2枚を中表に合わせて袋口を縫う
4　持ち手を作り、つける
5　くるみボタンをつける

エプロン　　　裁合せ図［花プリント］

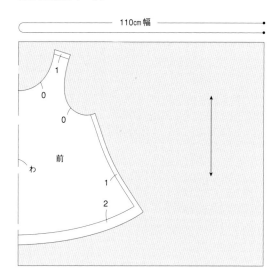

裁合せ図［ストライプ］

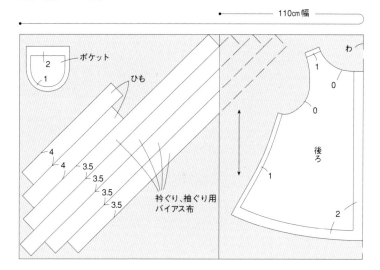

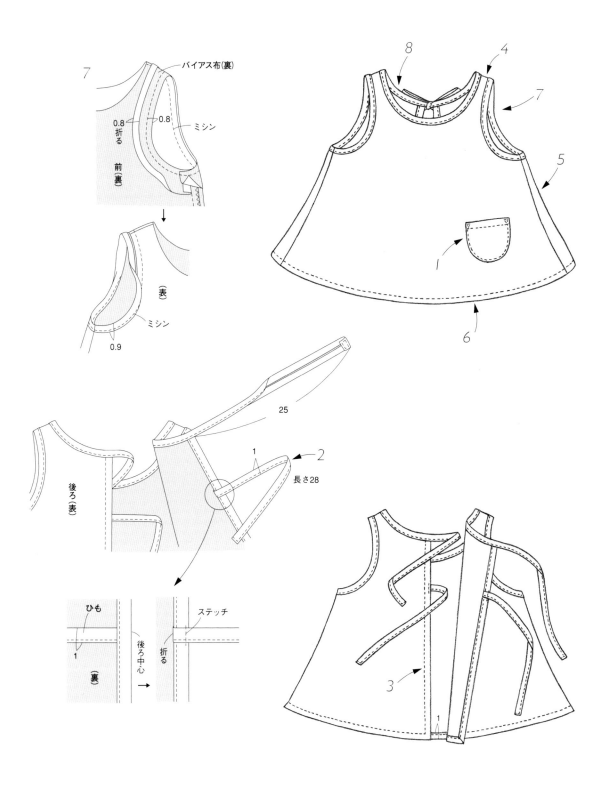

バイアス布(裏)

7

0.8
折る
0.8
ミシン
前(裏)

(表)
ミシン
0.9

8
4
7
5
1
6

後ろ(表)

25

1
2
長さ28

ひも
ステッチ
後ろ中心
折る
1
(裏)

3
1

バッグ

裁合せ図［ストライプ］

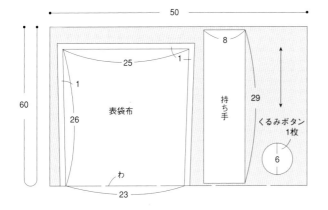

裁合せ図［花プリント］

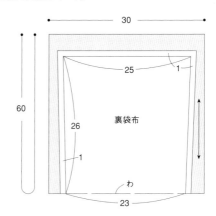

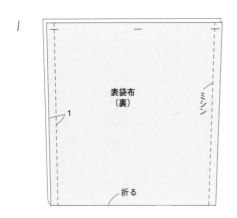

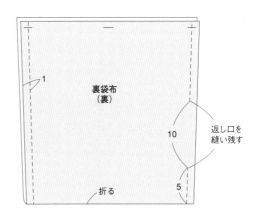

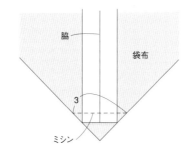

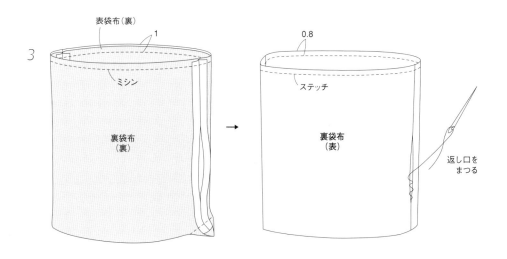

3

表袋布(裏)

1

ミシン

裏袋布
(裏)

→

0.8

ステッチ

裏袋布
(表)

返し口を
まつる

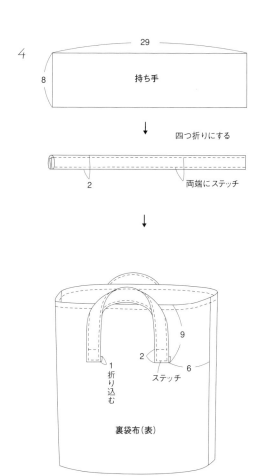

4

29

持ち手

8

↓

四つ折りにする

2

両端にステッチ

↓

9

2

6

1
折り
込む

ステッチ

裏袋布(表)

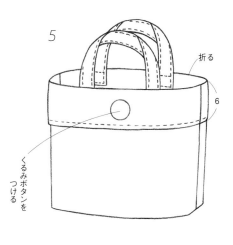

5

折る

6

くるみボタンを
つける

Aラインのランニング風ブラウス。上質なピュアリネンで作りました。
胸のボタンが唯一のアクセントのシンプルなデザイン。
バブーシュカを一緒に作っておくと、なにかと便利です。

材　料

5サイズ表記以外、全サイズに共通
布（ブラウス分）
　［麻（ピュアリネン）］115cm幅を……
　　身長100cmは60cm、110cmは70cm、120cmは90cm、
　　130cmは1m、140cmは1.1m
布（バブーシュカ、ブラウスのバイアス布分）
　［ギンガムチェック］110cm幅40cm
くるみボタン……直径1.5cmを9個
25番刺しゅう糸……適宜

作り方

ブラウス
1　肩を縫う
2　衿ぐりをバイアス布で始末し、
　　刺しゅう糸2本どりでランニングステッチ
3　袖ぐりをバイアス布で始末する
4　後ろ中心を縫い、あきを始末する
5　脇を縫う
6　裾を三つ折りにして縫う
7　くるみボタンをつける

バブーシュカ
周囲を三つ折りにして縫い、くるみボタンをつける

裁合せ図［麻（ピュアリネン）］

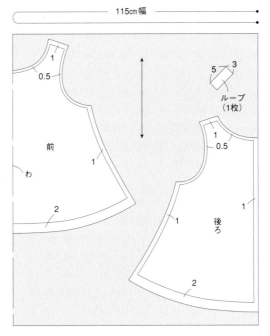

裁合せ図［ギンガムチェック］

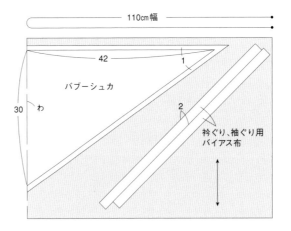

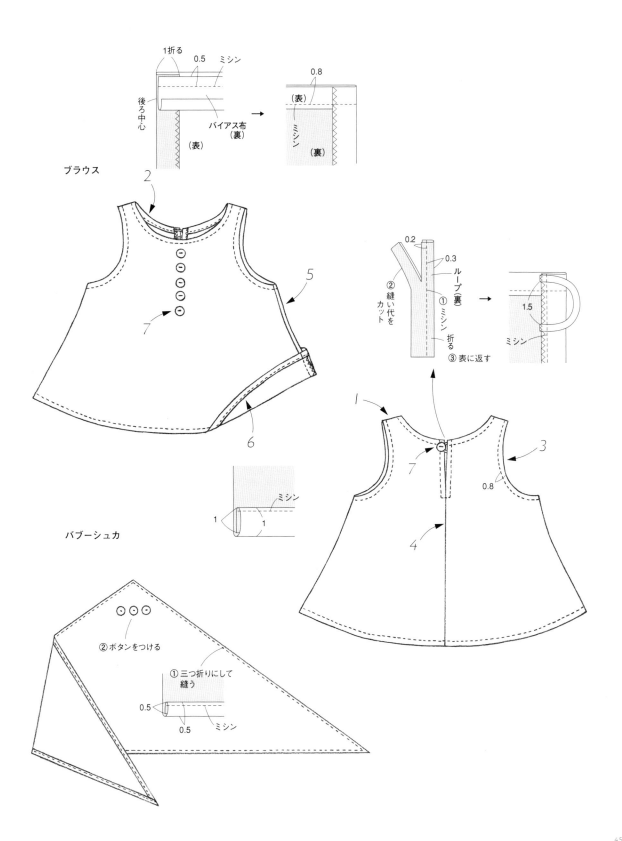

1折る　0.5　ミシン

0.8

(表)

後ろ中心

バイアス布
(裏)

ミシン

(裏)

(表)

ブラウス

2

5

7

6

0.2

0.3

ループ(裏)

②縫い代をカット

①ミシン

折る

③表に返す

1.5

ミシン

1

3

7

0.8

4

ミシン

1　1

バブーシュカ

②ボタンをつける

①三つ折りにして
縫う

0.5

0.5

ミシン

f

page 8

デザインをシンプルに抑えた分、花テープが引き立つ帽子とポシェット。
裏側にスカートと同じリバティプリントをあしらいました。
女の子のワードローブで大活躍する、かわいいセットです。

材 料

5サイズ表記以外、全サイズに共通

布（帽子のブリム、表サイド、表トップ、
　　ポシェットの表袋布、持ち手分）
　　［綿（スラブコットン）］110cm幅1.1m

布（スカート、帽子の裏トップ、裏サイド、
　　ポシェットの裏袋布分）
　　［リバティプリント］110cm幅を……
　　　身長100cmは90cm、110cm、120cmは1m、
　　　130cm、140cmは1.9m

接着芯……90cm幅50cm

花テープ……2cm幅30cm

サイズテープ……70cm

ゴムテープ……2cm幅60cm

作り方

帽子

ブリムの縫い方以外、32ページを参照

ポシェット

1　表袋布に花テープをつける
2　脇を縫う
3　持ち手を作る
4　持ち手をはさみ、表袋布と裏袋布を中表に合わせて
　　袋口を縫う。返し口から表に返す
5　袋口に表からステッチ

スカート

1　脇を縫う
2　ウエストを三つ折りにして縫い、ゴムテープを通す
3　裾を三つ折りにして縫う

裁合せ図［綿（スラブコットン）］

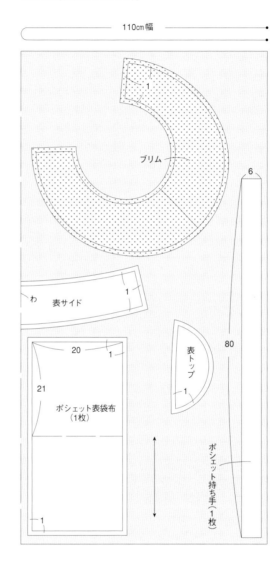

裁合せ図［リバティプリント］

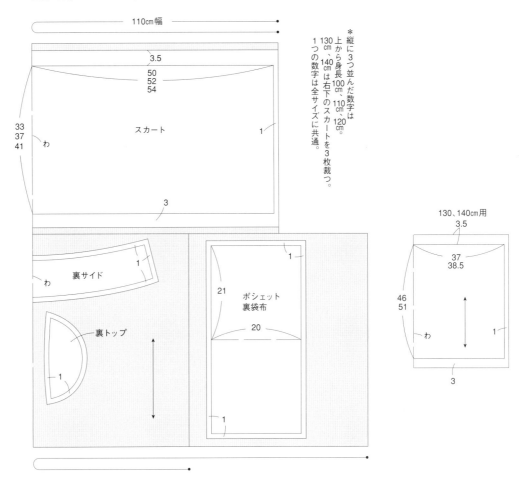

110cm幅

3.5

50
52
54

33
37
41

わ

スカート

1

3

* 縦に3つ並んだ数字は
上から身長100cm、110cm、120cm。
130cm、140cmは右下のスカートを3枚裁つ。
1つの数字は全サイズに共通。

裏サイド

わ

1

裏トップ

1

ポシェット
裏袋布

21

1

20

1

130、140cm用

3.5

37
38.5

46
51

わ

1

3

スカート

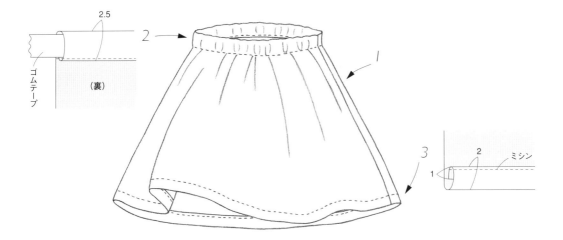

2.5

2

ゴムテープ

（裏）

1

3

2

1

ミシン

ポシェット

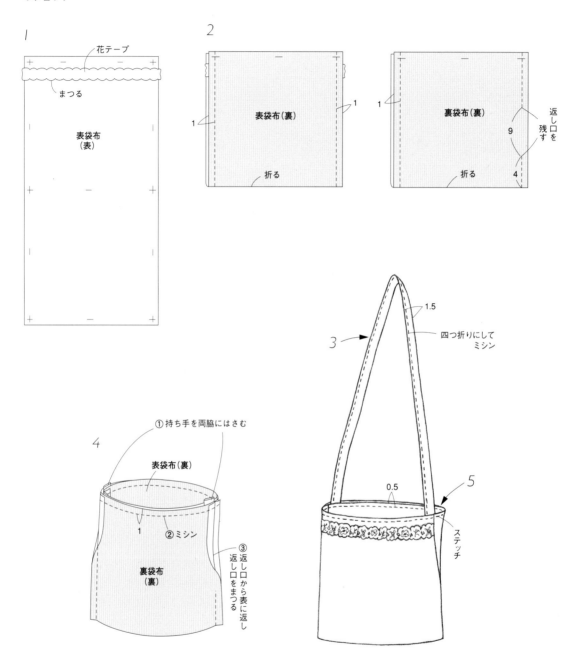

1

花テープ

まつる

表袋布
（表）

2

表袋布（裏）

1

1

折る

裏袋布（裏）

1

9

4

返し口を残す

折る

3

1.5

四つ折りにして
ミシン

4

①持ち手を両脇にはさむ

表袋布（裏）

1

②ミシン

裏袋布
（裏）

③返し口から表に返し
返し口をまつる

5

0.5

ステッチ

帽子

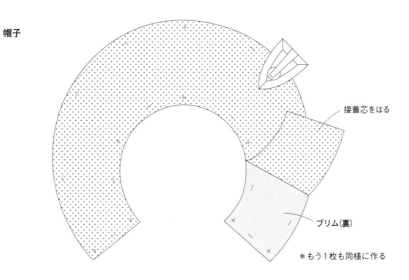

接着芯をはる

ブリム(裏)

＊もう1枚も同様に作る

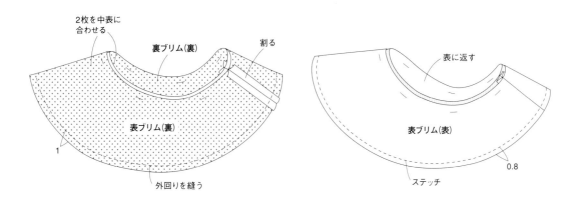

2枚を中表に
合わせる

裏ブリム(裏)

割る

表ブリム(裏)

1

外回りを縫う

表に返す

表ブリム(表)

0.8

ステッチ

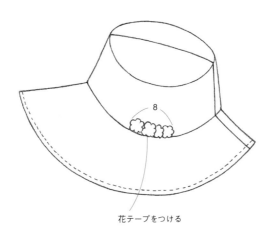

8

花テープをつける

page 11

四角い布にゴムシャーリングをあしらったチャーミングなビュスチエ。
ゴムミシン糸を下糸代りに巻いてミシンをかけます。
リバティプリントのハーフパンツを合わせた遊び着にぴったりのセット。

材 料

5サイズ表記以外、全サイズに共通
布（ビュスチエ分）
　[ギンガムチェック] 110cm幅60cm
布（パンツ分）
　[リバティプリント] 110cm幅を……
　　身長100cmは50cm、110cmは80cm、120cmは90cm、
　　130cmは1m、140cmは1.1m
ゴムミシン糸……1巻き
ゴムテープ……1.5cm幅60cm

作り方

ビュスチエ
縫う前にミシンの下糸にゴムミシン糸を巻く
1　脇を縫う
2　ひもを作る
3　上端と裾を二つ折りにし、ひもをはさみ、
　　シャーリングミシンを1.5cm間隔にかける

パンツ
1　股上を縫う
2　脇を縫う
3　股下を縫う
4　ウエストを三つ折りにして縫い、ゴムテープを通す
5　裾を三つ折りにして縫う

裁合せ図 [ギンガムチェック]

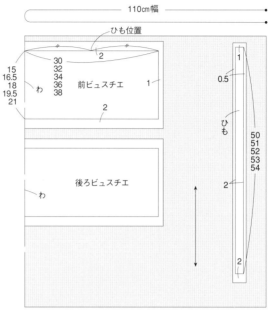

＊縦に5つ並んだ数字は
　上から身長100cm、110cm、120cm、130cm、140cm。
　1つの数字は全サイズに共通

ビュスチエ

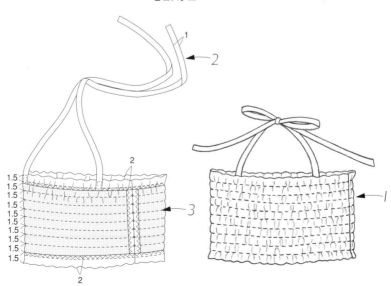

パンツ　　　裁合せ図［リバティプリント］

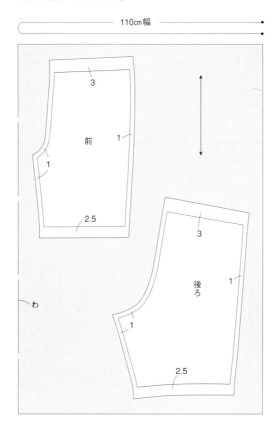

110cm幅

3

前

1

1

2.5

後ろ

3

1

1

2.5

わ

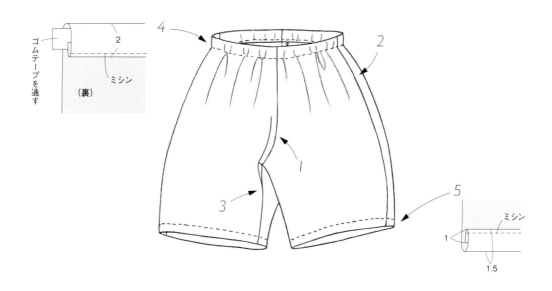

ゴムテープを通す

2

ミシン

（裏）

4

2

1

3

5

ミシン

1

1.5

小さなパフスリーブがかわいいゆったりしたワンピース。
衿ぐりと袖口に通すゴムテープは、お子さんのサイズに合わせましょう。
胸もととポケットに女の子の大好きなリボン飾りをあしらいました。

材　料

5サイズ表記以外、全サイズに共通

布[綿レース] 105cm幅を……
　身長100cmは1.6m、110cmは1.7m、120cmは1.9m、
　130cmは2m、140cmは2.1m

ゴムテープ……0.5cm幅1.2m

作り方

1　ポケットを作り、つける
2　袖をつける
3　衿ぐりを三つ折りにして縫い、ゴムテープを通す
4　袖下から脇を続けて縫う
5　袖口を三つ折りにして縫い、ゴムテープを通す
6　裾を三つ折りにして縫う
7　リボンを作り、前中心とポケットにつける

裁合せ図

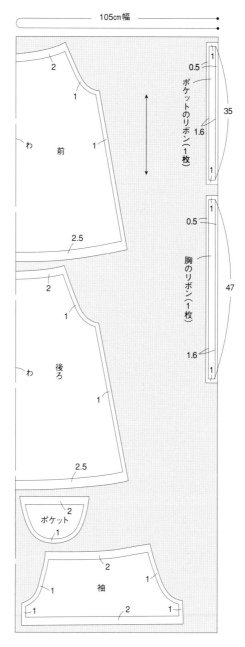

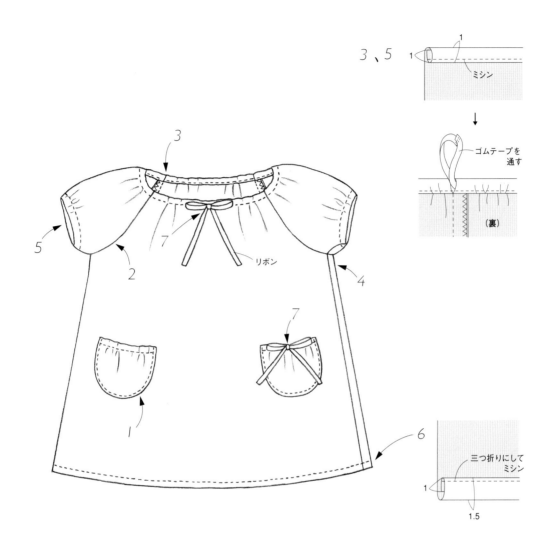

3、5

ミシン

ゴムテープを
通す

（裏）

3

5

2

7

リボン

7

1

4

6

三つ折りにして
ミシン

1.5

ポケットの作り方

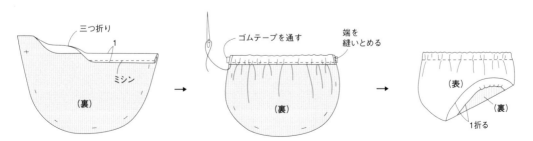

三つ折り

1

ミシン

（裏）

ゴムテープを通す

端を
縫いとめる

（表）

（裏）

1折る

Aラインのワンピースは、上質の麻が似合います。
デザインがシンプルな分、赤い刺しゅうがキュートに映えます。
暑い季節のちょっとしたお出かけ着として、重宝すること請合いです。

材 料

5サイズ表記以外、全サイズに共通
布［麻（ピュアリネン）］110cm幅を……
　　身長100cmは1.2m、110cmは1.4m、120cmは1.5m、
　　130cmは1.6m、140cmは1.8m
ボタン……直径1.5cmを1個
25番刺しゅう糸……1束

作り方

1　肩を縫う
2　衿ぐりをバイアス布で始末する
3　脇を縫う
4　袖口を三つ折りにして縫う
5　後ろ中心を縫い、あきを始末し、ボタンをつける
　　（45ページ参照）
6　裾を三つ折りにして縫う
7　衿ぐりと袖口にボタンホールピコットステッチ、
　　胸もとに刺しゅうをする（刺しゅう糸2本どり）
　　刺し方は56ページ参照

裁合せ図

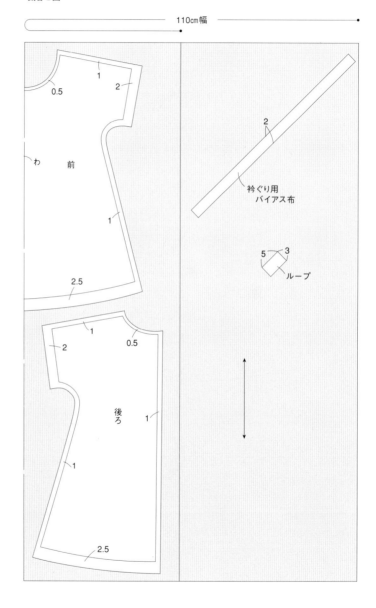

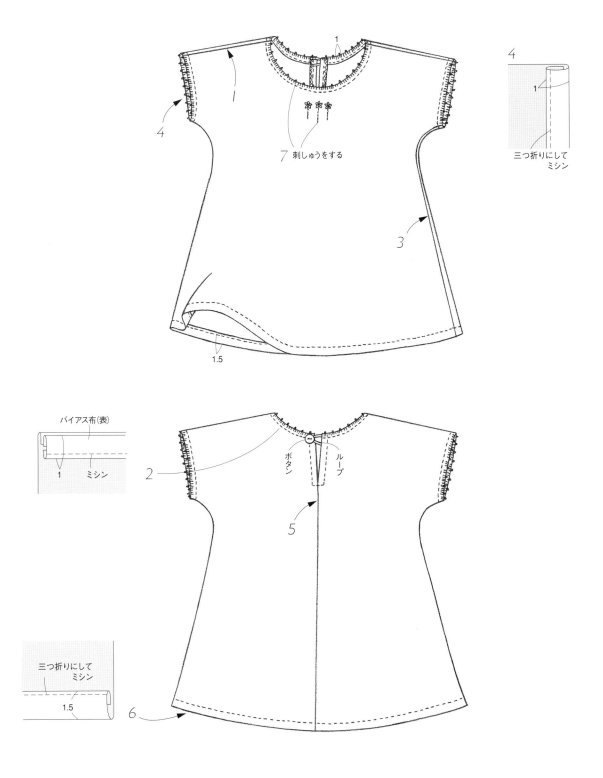

7 刺しゅうをする

4
三つ折りにして
ミシン

1.5

バイアス布(表)
1 ミシン
2

ボタン ループ
5

三つ折りにして
ミシン
1.5
6

実物大図案

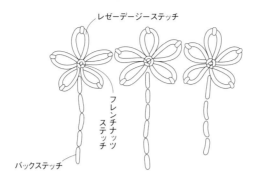

レゼーデージーステッチ

フレンチナッツステッチ

バックステッチ

レゼーデージーステッチ

3出

1出2入

フレンチナッツステッチ

1出　2入

バックステッチ

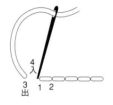

4入

3出　1　2

ボタンホール ピコット ステッチ

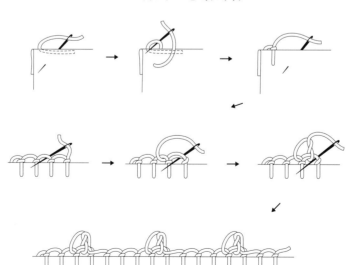

4つおきにピコットを作る

簡単に作れるから、布を替えて何枚も作りたいキャミソール。
肩ひもにテープやリボンを利用したら、いっそう手軽に作れます。
夏の遊び着として素肌に着ても、Tシャツに重ね着してもかわいい。

材 料

全サイズに共通
布［綿プリント］110cm幅1.2m

作り方

1　袖ぐりを三つ折りにして縫う
2　上端を三つ折りにして縫う
3　脇を縫う
4　裾を三つ折りにして縫う
5　ひもを作り（長さが足りない場合は途中ではぐ）、
　　上端に通す

裁合せ図

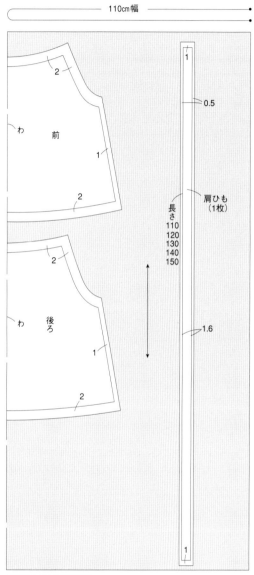

110cm幅

わ　前

わ　後ろ

0.5

肩ひも（1枚）

長さ
110
120
130
140
150

1.6

＊縦に5つ並んだ数字は
　　上から身長100cm、110cm、120cm、130cm、140cm。
　　1つの数字は全サイズに共通

肩ひもの作り方

0.8

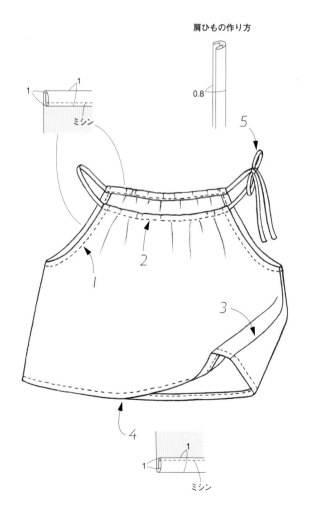

ミシン

背中が大きくあいたベアバックのサンドレス。
素材次第でジャンパースカートにもなり、四季を通して着られます。
後ろにゴムテープを通してから脇を縫います。

材料

5サイズ表記以外、全サイズに共通

布［綿プリント］110cm幅を……
　身長100cmは1.1m、110cmは1.2m、120cmは1.3m、
　130cmは1.4m、140cmは1.5m

ゴムテープ……0.8cm幅40cm

作り方

1　ポケットを作り、つける

2　袖ぐりを三つ折りにして縫う

3　前身頃の上端を三つ折りにして縫う

4　後ろ身頃の上端を三つ折りにして縫い、
　　ゴムテープを通す

5　脇を縫う

6　裾を三つ折りにして縫う

7　ひもを作り、上端に通す。リボンを作り、
　　ポケットにつける

裁合せ図

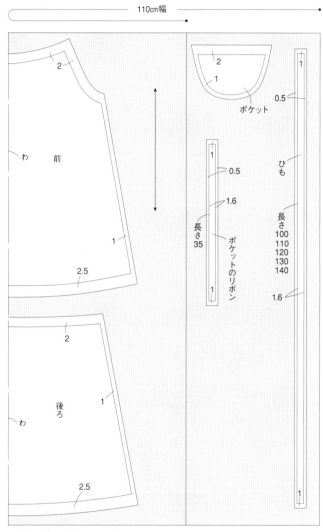

＊縦に5つ並んだ数字は
　上から身長100cm、110cm、120cm、130cm、140cm。
　1つの数字は全サイズに共通

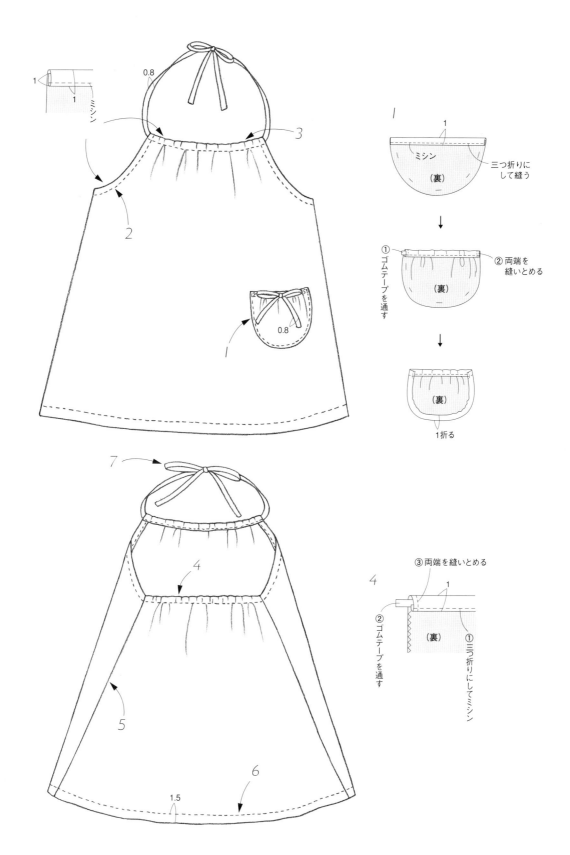

0.8

1
1
ミシン

3

2

0.8

1
1
ミシン
（裏）
三つ折りにして縫う

①ゴムテープを通す
（裏）
②両端を縫いとめる

（裏）
1折る

7

4

5

6

1.5

4
③両端を縫いとめる
②ゴムテープを通す
①三つ折りにしてミシン
1
（裏）

衿ぐりと袖口にゴムテープを通したスモック。エプロンの延長のようなスモックも、
リバティプリントで作るとご覧のとおり、おしゃれなブラウスに。
共布のコサージュをつけて、さらにドレスアップしました。

材　料

5サイズ表記以外、全サイズに共通

布 [リバティプリント] 110cm幅を……
　　身長100cmは1.4m、110cmは1.5m、120cmは1.6m、
　　130cmは1.7m、140cmは1.8m

布 （コサージュ分）
　　[綿無地] 30×10cm

ゴムテープ……0.8cm幅80cm

作り方

1　ポケットを作り、つける
2　袖をつける
3　衿ぐりを三つ折りにして縫い、ゴムテープを通す
4　袖下から脇を続けて縫い、袖口にゴムテープを通す
5　裾を三つ折りにして縫う
6　コサージュを作り、つける

裁合せ図

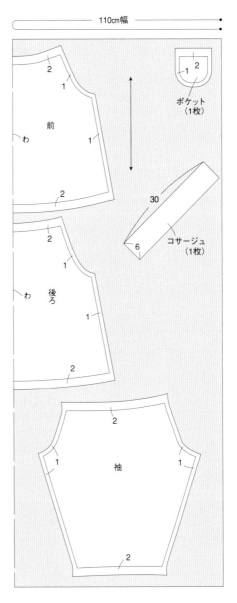

コサージュの作り方

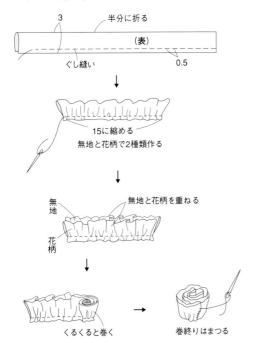

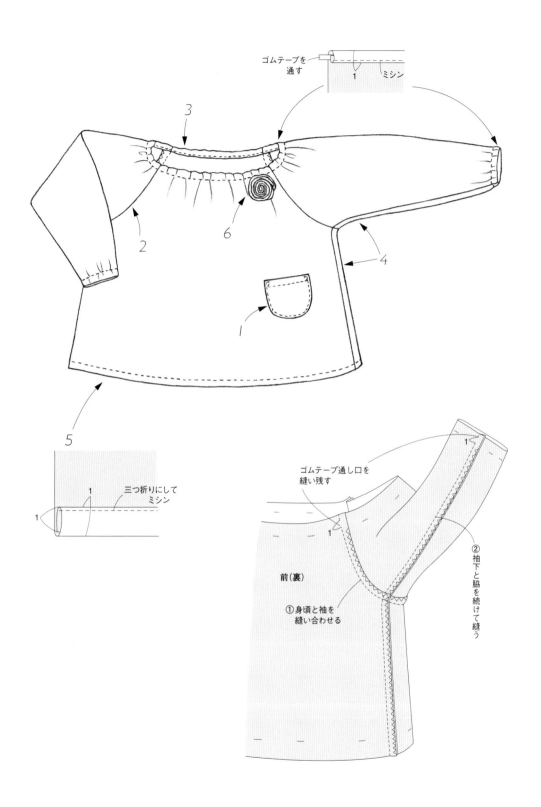

ゴムテープを
通す

ミシン

1

3

2

6

1

4

5

三つ折りにして
ミシン

1

1

ゴムテープ通し口を
縫い残す

前（裏）

①身頃と袖を
縫い合わせる

②袖下と脇を
続けて縫う

1

m
page 19

ハイウエスト切替えのエプロンドレス。
刺しゅうはギンガムチェックの柄にそって刺せばいいので、印つけの手間がいりません。
おそろいでポシェットも作っておくと、なにかと重宝します。

材　料

5サイズ表記以外、全サイズに共通
布（身頃、ポシェットの裏袋布分）
　［綿プリント］110cm幅を……
　　身長100cm、110cm、120cmは1m、
　　130cm、140cmは1.1m
布（スカート、ポシェットの表袋布、持ち手分）
　［ギンガムチェック］110cm幅を……
　　身長100〜140cm全サイズ1m
25番刺しゅう糸……2色を各1巻き

作り方

エプロンドレス
1　ひもを作る
2　肩を縫う。もう1枚も同様に縫い、2枚を中表に合わ
　　せて衿ぐり、後ろ中心、袖ぐりを縫う
3　脇を縫う
4　スカートを作る
5　身頃とスカートを縫い合わせる
6　刺しゅう糸2本どりで刺しゅうをする
　　（刺し方は81ページ参照）

ポシェット
1　表袋布に刺しゅうをする（刺し方は81ページ参照）
2　脇を縫い、袋口を折る
3　持ち手を作る
4　持ち手をはさみ、2枚を外表に合わせて袋口を縫う

エプロンドレス

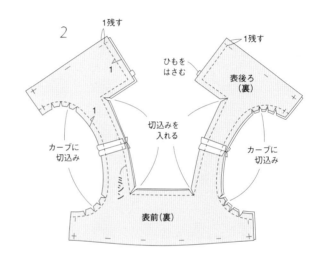

裁合せ図［綿プリント］

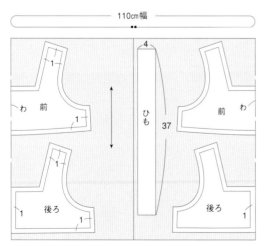

裁合せ図［ギンガムチェック］

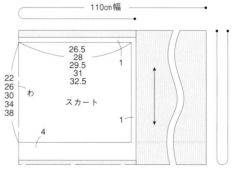

＊縦に5つ並んだ数字は上から身長100cm、110cm、120cm、
　130cm、140cm。
　1つの数字は全サイズに共通

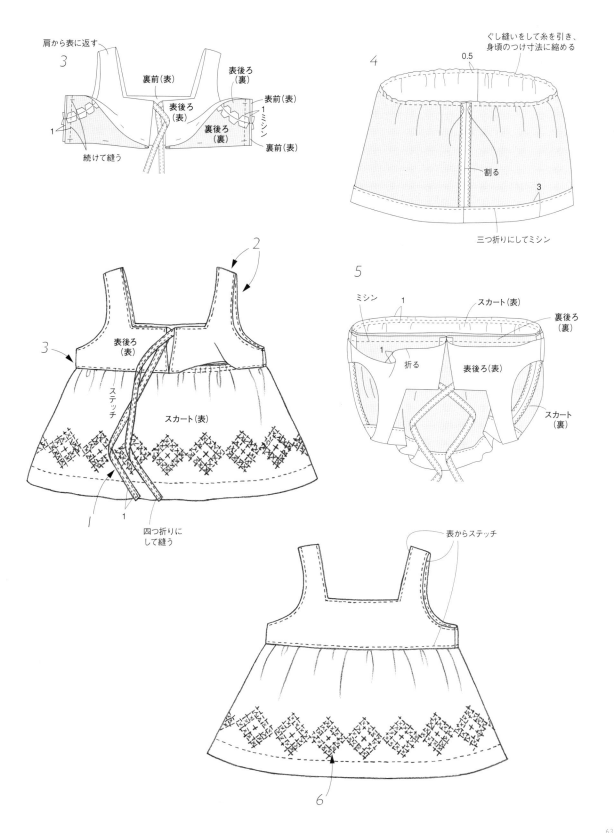

3

肩から表に返す

裏前（表）

表後ろ
（裏）

表後ろ
（表）

表前（表）

1
ミシン

表後ろ
（表）

裏後ろ
（裏）

裏前（表）

1

続けて縫う

4

ぐし縫いをして糸を引き、
身頃のつけ寸法に縮める

0.5

割る

3

三つ折りにしてミシン

2

3

表後ろ
（表）

ステッチ

スカート（表）

1

四つ折りに
して縫う

5

ミシン

1

スカート（表）

裏後ろ
（裏）

1

折る

表後ろ（表）

スカート
（裏）

表からステッチ

6

63

ポシェット

裁合せ図［ギンガムチェック］

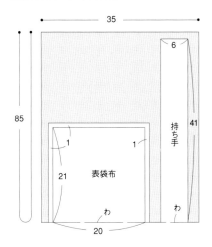

35

85

6

持ち手

41

表袋布

1

1

21

わ

わ

20

裁合せ図［綿プリント］

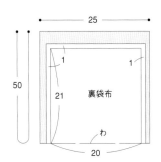

25

50

21

1

1

裏袋布

わ

20

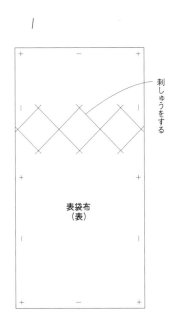

I

刺しゅうをする

表袋布
（表）

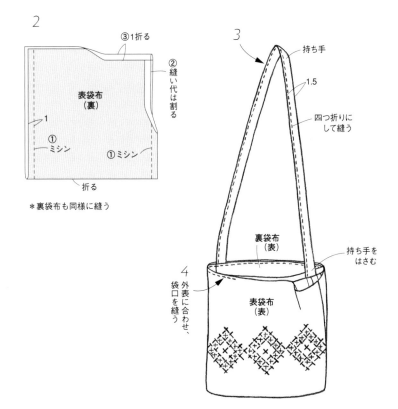

2

③1折る

②縫い代は割る

表袋布
（裏）

1

①ミシン

①ミシン

折る

＊裏袋布も同様に縫う

3

持ち手

1.5

四つ折りにして縫う

裏袋布
（表）

持ち手をはさむ

4 外表に合わせ、袋口を縫う

表袋布
（表）

page 20

ちょっとポップな水玉模様で作った、大きなつばの帽子と八分丈パンツ。
どんなトップともよく合います。パフスリーブのブラウスはダブルガーゼ素材。
肌触りが心地よく、こちらもどんなボトムとも相性抜群です。

材 料

5サイズ表記以外、全サイズに共通
布（ブラウス分）
　［レース・ダブルガーゼ］103cm幅を……
　　身長100cm、110cmは1.2m、120cmは1.3m、
　　130cm、140cmは1.4m
ゴムテープ……0.5cm幅80cm
布（帽子のブリム、表サイド、表トップ分）
　［綿（水玉スラブ）］110cm幅70cm
布（帽子の裏サイド、裏トップ分）
　［ギンガムチェック］110cm幅30cm
サイズテープ……70cm
布（パンツ分）
　［綿（水玉スラブ）］110cm幅を……
　　身長100cmは90cm、110cmは1.1m、120cmは1.2m、
　　130cmは1.3m、140cmは1.4m
ゴムテープ……1.5cm幅50cm
麻リボン……1cm幅50cm

作り方

ブラウス
1　袖をつける
2　衿ぐりを三つ折りにして縫い、ゴムテープを通す
3　袖下から脇を続けて縫う
4　袖口を三つ折りにして縫い、ゴムテープを通す
5　裾を三つ折りにして縫う

帽子
32ページを参照

パンツ
34ページを参照（裾の見返しを除く）

帽子

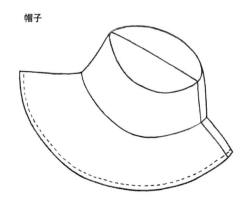

裁合せ図［綿（水玉スラブ）］

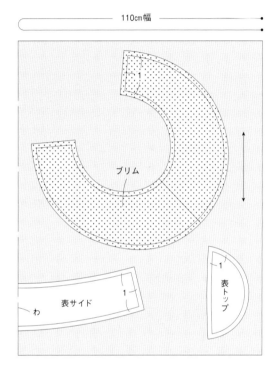

裁合せ図［ギンガムチェック］

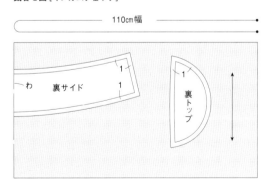

ブラウス

裁合せ図

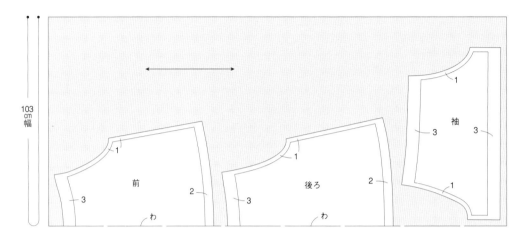

103
cm
幅

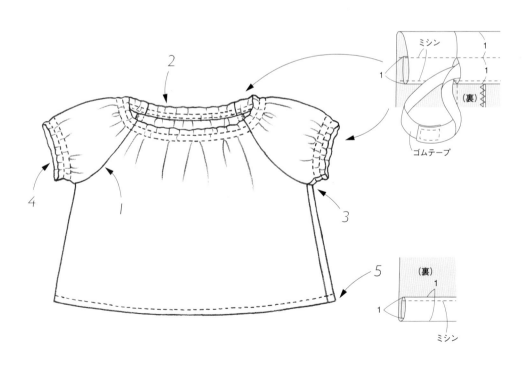

パンツ

裁合せ図

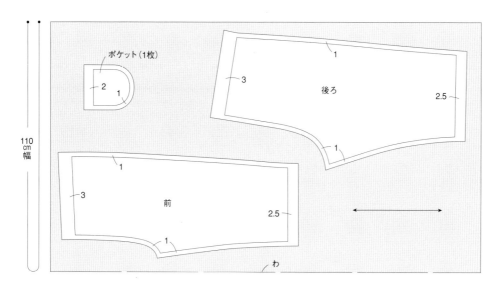

110cm幅

ポケット(1枚)

2　1

後ろ

1

3

2.5

1

前

1

3

2.5

1

わ

麻リボンを結んで縫いとめる

ゴムテープ

ミシン

2

(裏)

(裏)

ミシン

1

1.5

ゴムシャーリングをあしらったキュートなサンドレス。
ゴムミシン糸で、程よいサイズに調節しながら縮めます。
裁つのも縫うのもまっすぐの、簡単ソーイングです。

材 料

5サイズ表記以外、全サイズに共通
布［リバティプリント］110cm幅を……
　　身長100cmは1.2m、110cmは1.3m、120cmは1.4m、
　　130cmは1.5m、140cmは1.6m
ゴムミシン糸……1巻き

作り方

縫う前にミシンの下糸にゴムミシン糸を巻く
1　肩ひもを作る
2　脇を縫う
3　裾を三つ折りにして縫う
4　上端を二つ折りにして縫う
5　シャーリングミシンをかける

裁合せ図

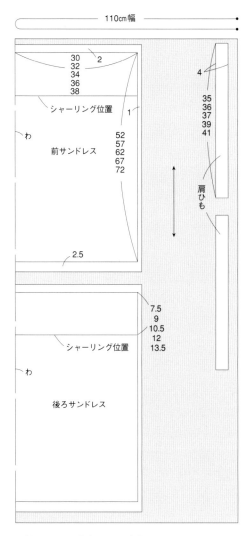

＊縦に5つ並んだ数字は上から身長100cm、110cm、120cm、
　130cm、140cm。
　1つの数字は全サイズに共通

ゴムミシン糸の準備

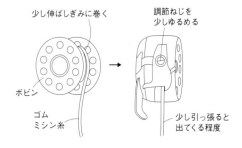

少し伸ばしぎみに巻く

ボビン

ゴム
ミシン糸

調節ねじを
少しゆるめる

少し引っ張ると
出てくる程度

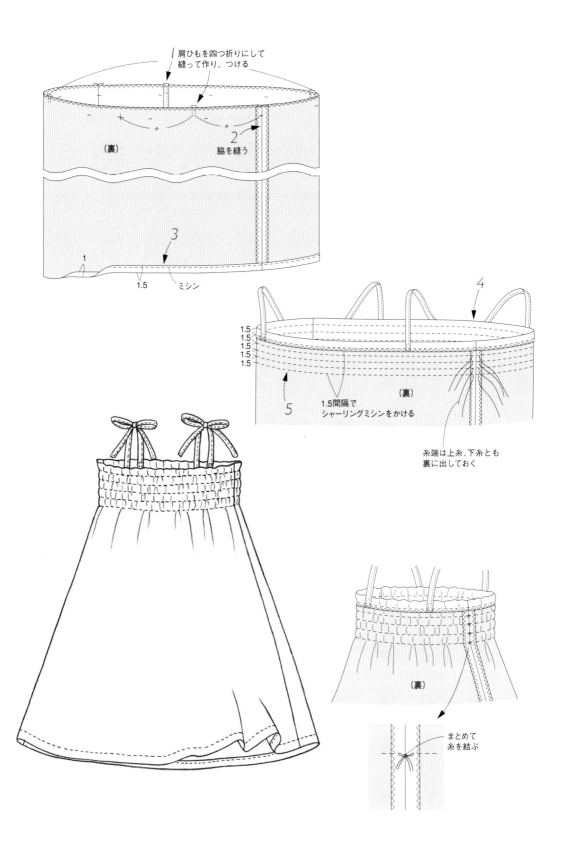

肩ひもを四つ折りにして
縫って作り、つける

(裏)

2
脇を縫う

3

1
1.5
ミシン

4

1.5
1.5
1.5
1.5
1.5

5

1.5間隔で
シャーリングミシンをかける

(裏)

糸端は上糸、下糸とも
裏に出しておく

(裏)

まとめて
糸を結ぶ

page 24

ちょっと大人っぽさの漂うカシュクールワンピース。
リバティプリントと、黒いレースの組合せが新鮮です。
発表会や結婚式など華やかな席に着せてあげてください。

材　料

5サイズ表記以外、全サイズに共通

布（身頃分）
　［リバティプリント］110cm幅を……
　　身長100cm、110cm、120cmは70cm、
　　130cm、140cmは80cm
布（スカート分）
　［綿レース］110cm幅を……
　　身長100cmは1.5m、110cmは1.6m、120cmは1.7m、
　　130cmは1.9m、140cmは2m
接着芯……90cm幅40cm
スナップ……1組み

作り方

74ページを参照

裁合せ図［リバティプリント］

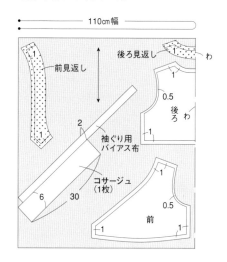

裁合せ図［綿レース］

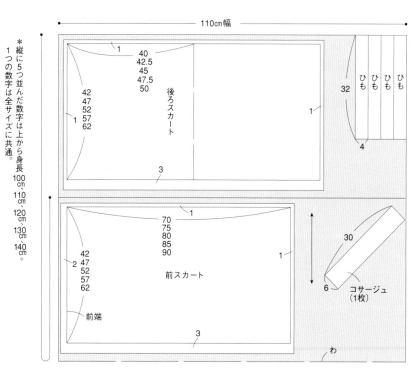

*縦に5つ並んだ数字は上から身長
100cm、110cm、120cm、130cm、140cm。
1つの数字は全サイズに共通。

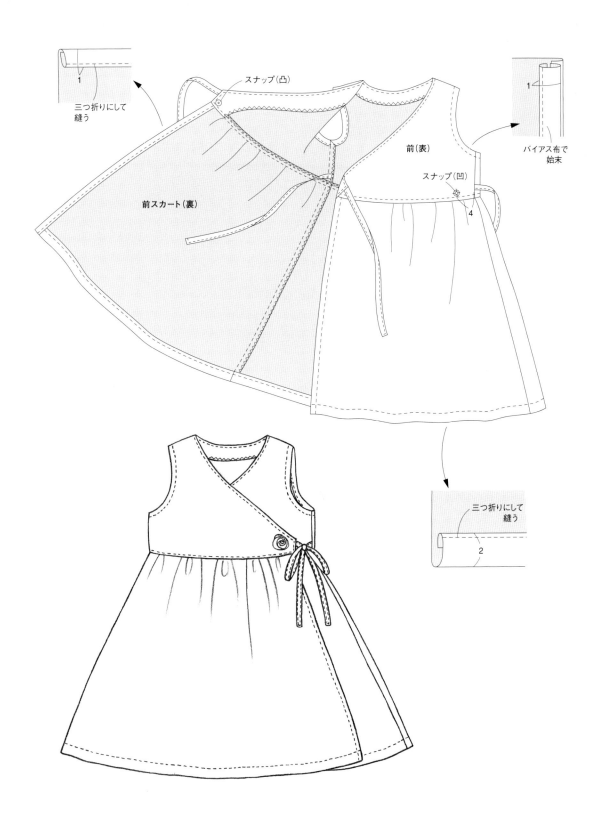

三つ折りにして
縫う

1

スナップ（凸）

前スカート（裏）

前（表）

スナップ（凹）

4

バイアス布で
始末

1

三つ折りにして
縫う

2

Aラインのノースリーブワンピースは上質のピュアリネンで作りました。
シンプルなのでともすれば地味になりがちなところを、
ウエストリボンとモチーフで可憐な女の子の服に仕上げました。

材 料

5サイズ表記以外、全サイズに共通

布［麻（ピュアリネン）］110cm幅を……
　　身長100cmは1.2m、110cmは1.3m、120cmは1.5m、
　　130cmは1.6m、140cmは1.8m
ボタン……直径1.5cmを1個
リボン……1.2cm幅1m
モチーフ……適宜

作り方

1　肩を縫う
2　衿ぐりをバイアス布で始末する
3　袖ぐりをバイアス布で始末する
4　リボンをはさみ、脇を縫う
5　後ろ中心を縫い、あきを始末し、ボタンをつける
　　（45ページ参照）
6　裾を三つ折りにして縫う
7　モチーフをつける

裁合せ図

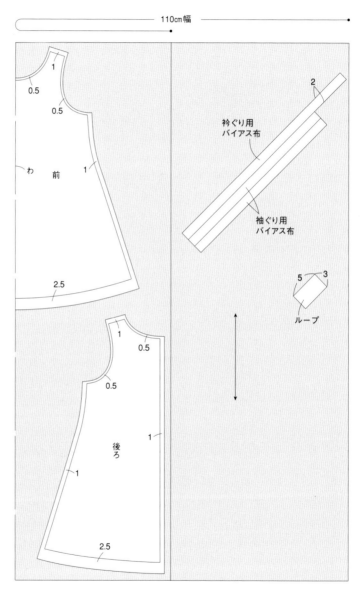

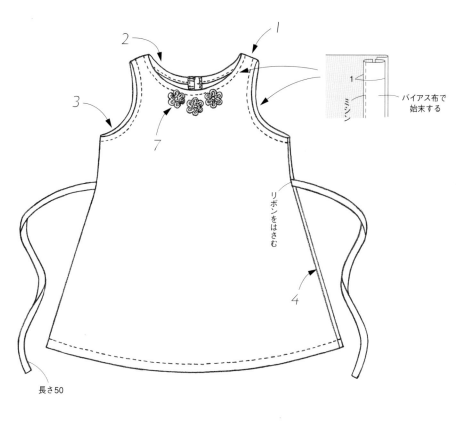

2
1
3
7

バイアス布で
始末する
ミシン
1

リボンをはさむ

4

長さ50

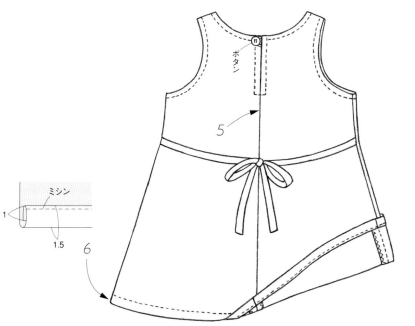

ボタン

5

ミシン
1
1.5
6

r

page 26

カシュクールブラウスは、切替えにギャザーを寄せたおしゃれなデザイン。
胸もとのラインに、色とりどりの貝ボタンを飾りました。
パンツは2ページと同形で布を替えてアレンジしたものです。

材　料

5サイズ表記以外、全サイズに共通
布（ブラウス分）
[ギンガムチェック] 110cm幅を……
　　身長100cmは1.5m、110cmは1.6m、120cmは1.7m、
　　130cmは1.8m、140cm2m
接着芯……90cm幅40cm
麻リボン……1cm幅1m
ボタン……直径1.1cmを10個
スナップ……1組み
布（パンツ分）
[ハーフリネン] 110cm幅を……
　　身長100cmは1.4m、110cmは1.5m、120cmは1.6m、
　　130cmは1.7m、140cmは1.8m
布（パンツ見返し、リボン分）
[水玉プリント] 110cm幅10cm
ゴムテープ……1.8cm幅60cm

作り方

ブラウス
縫う前に見返しに接着芯をはる。
1　肩を縫う
2　麻リボンをはさみ、衿ぐりを見返しで始末する
3　袖ぐりをバイアス布で始末する
4　麻リボンをはさみ（左脇のみ）、脇を縫う
5　スカートを縫う
6　身頃とスカートを縫い合わせる
7　ボタン、スナップをつける

パンツ
34ページを参照（ポケットを除く）

裁合せ図

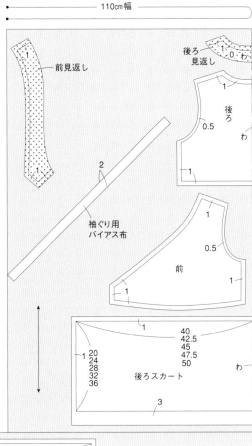

前見返し

後ろ
見返し

後ろ

0.5

前

0.5

袖ぐり用
バイアス布

後ろスカート

40
42.5
45
47.5
50

20
24
28
32
36

3

前スカート

70
75
80
85
90

20
24
28
32
36

3

110cm幅

＊縦に5つ並んだ数字は上から身長100cm、110cm、120cm、130cm、140cm。
　1つの数字は全サイズに共通

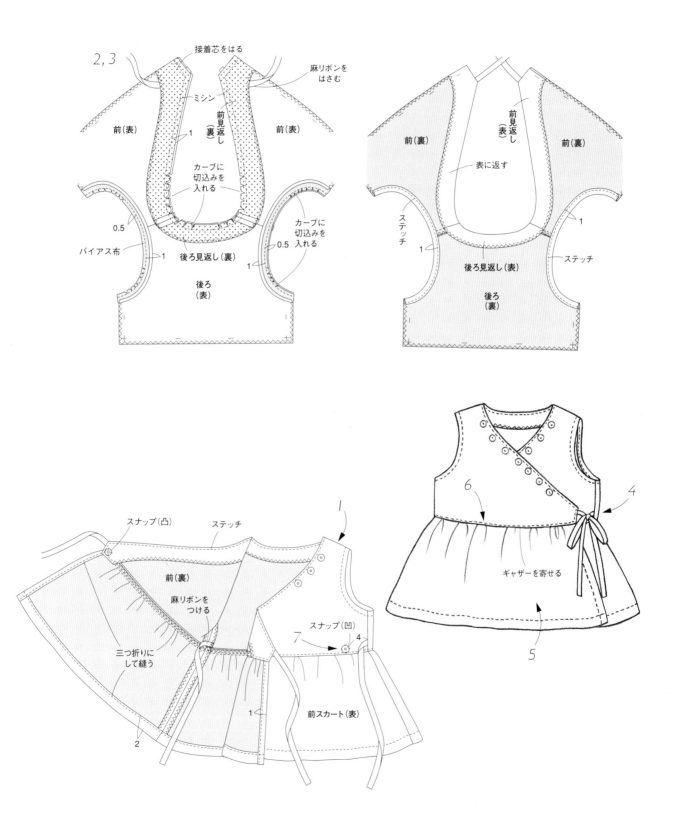

2, 3

接着芯をはる

麻リボンを
はさむ

ミシン

前見返し
（裏）

前（表）

前（表）

1

カーブに
切込みを
入れる

0.5

カーブに
切込みを
入れる

バイアス布

1

0.5

後ろ見返し（裏）

1

後ろ
（表）

前見返し
（表）

前（裏）

前（裏）

表に返す

ステッチ

1

1

ステッチ

後ろ見返し（表）

ステッチ

後ろ
（裏）

スナップ（凸）

ステッチ

前（裏）

麻リボンを
つける

三つ折りに
して縫う

スナップ（凹）

7

4

2

1

前スカート（表）

6

4

ギャザーを寄せる

5

S

page 27

パターンはシンプルですが、袖ぐりの小さなフリル、後ろあきと
ポケットのリボン飾りなど随所にかわいらしさをプラスしたワンピース。
普段からちょっとしたお出かけまで、幅広く着られそうです。

材 料

5サイズ表記以外、全サイズに共通
布 [水玉プリント] 110cm幅を……
　　身長100cmは1.3m、110cmは1.4m、120cmは1.6m、
　　130cmは1.7m、140cmは1.9m

作り方

1　ポケット口にギャザーを寄せ、バイアス布でくるむ。
　　ポケットをつける
2　肩を縫う
3　フリルを作る。フリルをはさみ、
　　袖ぐりをバイアス布で始末する
4　後ろ中心を縫い、あきを始末する
5　衿ぐりをバイアス布で始末し、ひもを作る
6　脇を縫う
7　裾を三つ折りにして縫う
8　リボンを作り、ポケットにつける

裁合せ図

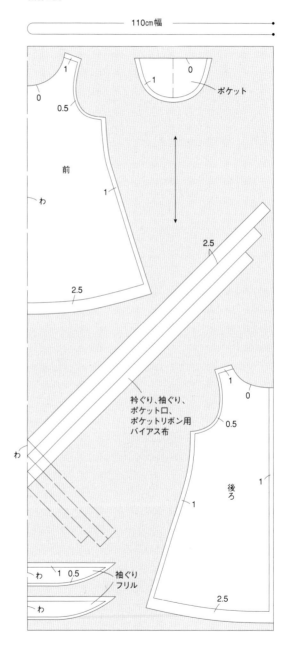

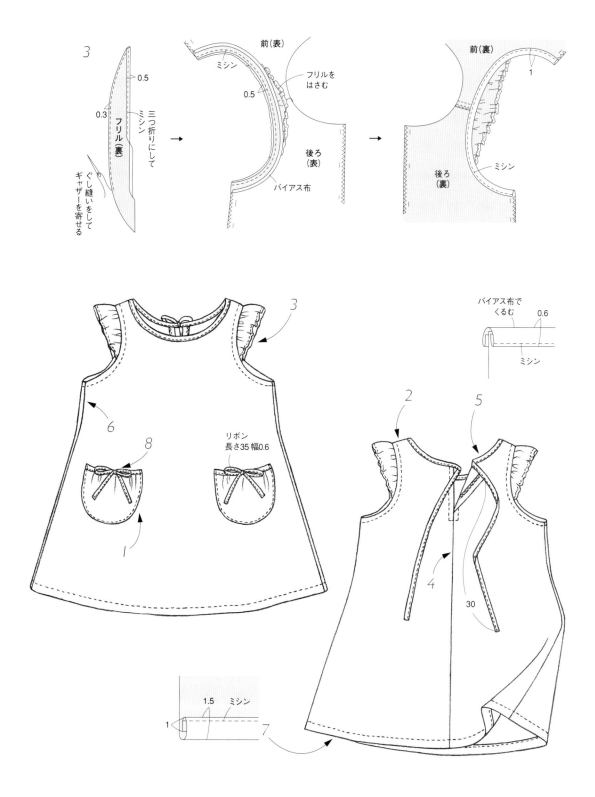

3

0.5

0.3

三つ折りにして

ミシン

フリル（裏）

ぐし縫いをして
ギャザーを寄せる

前（表）

ミシン

0.5

フリルをはさむ

後ろ（表）

バイアス布

前（裏）

1

ミシン

後ろ
（裏）

バイアス布で
くるむ

0.6

ミシン

6

3

8

リボン
長さ35 幅0.6

I

2

5

4

30

1.5 ミシン

1

7

バブーシュカとスカートは裁つのも縫うのもまっすぐでできます。
キャミソールは既製品にほんの少し手を加えただけでこんなにかわいい！
手作りが初めて、という人のファーストステップにいかがですか？

材 料

5サイズ表記以外、全サイズに共通
布（スカート、バブーシュカ分）
　[水玉プリント] 110cm幅を……
　　身長100cmは1m、110cmは1.1m、120cmは1.2m、
　　130cm、140cmは1.3m
布（ポケットのパッチワーク、キャミソールの飾り分）
　[リバティプリント] 30×30cm
布（ポケットのパッチワーク分）
　[ハーフリネン] 10×10cm
ゴムテープ……1.8cm幅60cm
既製のキャミソール……1枚

作り方

スカート

1　ポケットを作り、つける
2　脇を縫う
3　ウエストを三つ折りにして縫い、ゴムテープを通す
4　裾を三つ折りにして縫う

バブーシュカ

周囲を三つ折りにして縫う

キャミソール

バイアス布にギャザーを寄せ、縫いとめる

裁合せ図

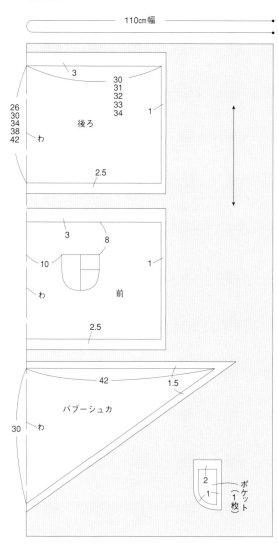

＊縦に5つ並んだ数字は上から身長100cm、110cm、120cm、
　130cm、140cm。
　1つの数字は全サイズに共通

スカート

ゴムテープを通す

2

1

(裏)

ミシン

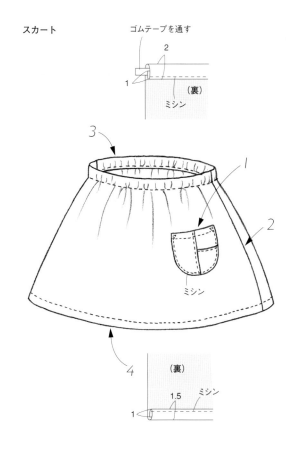

3

1

2

ミシン

4

(裏)

1.5

ミシン

1

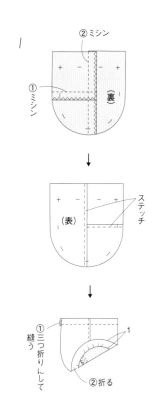

②ミシン

①ミシン

(裏)

(表)

ステッチ

①三つ折りにして縫う

②折る

1

1

バブーシュカ

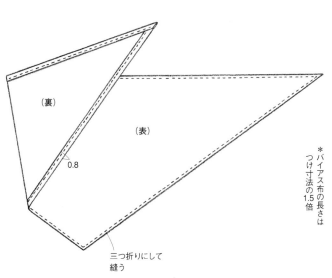

(裏)

(表)

0.8

三つ折りにして
縫う

キャミソール

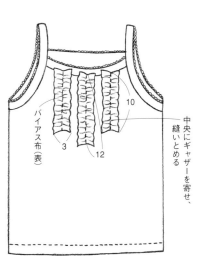

10

バイアス布（表）

3

12

中央にギャザーを寄せ、縫いとめる

＊バイアス布の長さは
つけ寸法の1.5倍

ハンガーカバー

page 18,26

材料

布［麻（ピュアリネン）または水玉プリント］110cm幅20cm

作り方

1 下端を三つ折りにして縫う
2 2枚を中表に合わせて縫う
3 好みで刺しゅうをしたりレースをつける

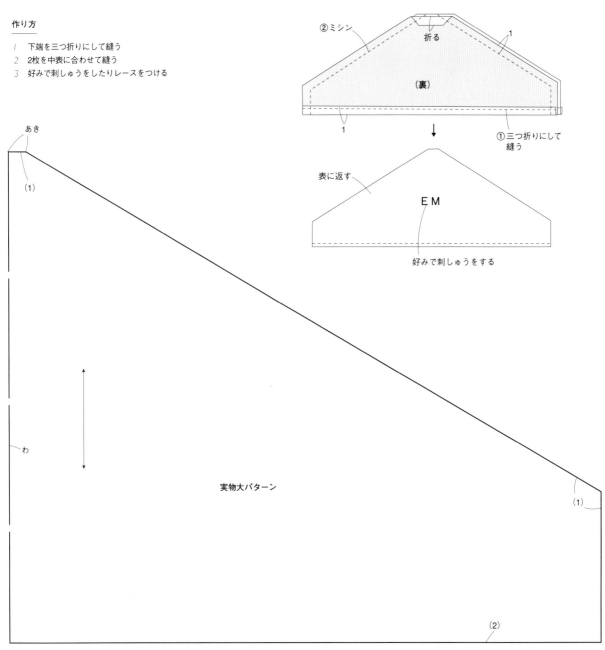

②ミシン 折る 1

（裏）

1

①三つ折りにして
縫う

表に返す EM

好みで刺しゅうをする

あき

(1)

わ

実物大パターン

(1)

(2)

（ ）内の縫い代をつけて裁つ

スモッキング刺しゅう

page 3

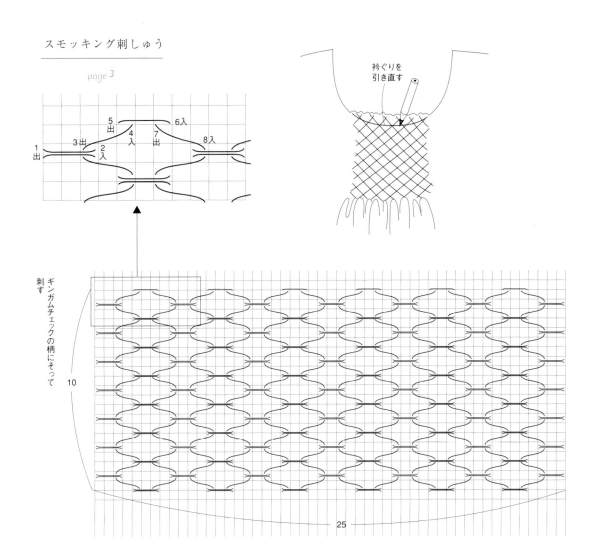

衿ぐりを
引き直す

ギンガムチェックの柄にそって刺す

10

25

ダブルクロスステッチ

page 19

ギンガムチェックの
柄にそって刺す

刺しゅうは後ろ中心まで連続で繰り返す

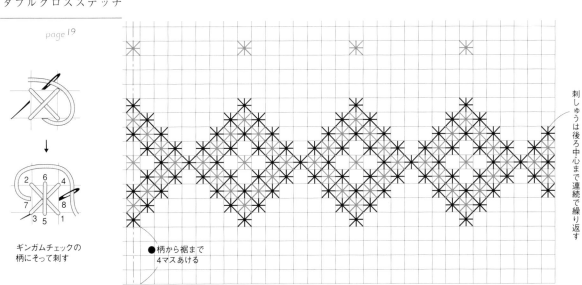

●柄から裾まで
4マスあける

ホビーラホビーレショップリスト

この本の作品はすべてホビーラホビーレの布や材料を使っています。
布や材料の詳細はお近くのホビーラホビーレにお問い合わせください。

北海道・東北

大丸札幌店ホビーラホビーレ	011-271-5662
盛岡川徳ホビーラホビーレ	019-622-6155
仙台ホビーラホビーレ	022-262-4550

関東

そごう柏店ホビーラホビーレ	04-7164-4429
そごう千葉店ホビーラホビーレ	043-245-2004
伊勢丹松戸店ホビーラホビーレ	047-364-1111
川越丸広ホビーラホビーレ	049-223-3391
入間丸広ホビーラホビーレ	04-2966-1211
伊勢丹浦和店ホビーラホビーレ	048-834-3165
ホビーラホビーレ玉川店	03-3707-1430
日本橋高島屋ホビーラホビーレ	03-3271-4564
新宿タカシマヤホビーラホビーレ	03-5361-1480
池袋東武ホビーラホビーレ	03-3981-2211
池袋三越ホビーラホビーレ	03-5951-8868
京王アートマンホビーラホビーレ	042-337-2588
伊勢丹立川店ホビーラホビーレ	042-525-2671
ホビーラホビーレ八王子店	0426-43-8303
伊勢丹相模原店ホビーラホビーレ	042-740-5385
そごう横浜店ホビーラホビーレ	045-465-2759
横浜高島屋ホビーラホビーレ	045-313-4472
港南台高島屋ホビーラホビーレ	045-831-6441

東海・中部

静岡伊勢丹ホビーラホビーレ	054-251-7897
名古屋丸栄ホビーラホビーレ	052-264-6083
三越名古屋星ヶ丘店ホビーラホビーレ	052-781-3080
ジェイアール名古屋タカシマヤ ホビーラホビーレ	052-566-8472

北陸・甲信越

香林坊大和ホビーラホビーレ	076-220-1295
大和富山ホビーラホビーレ	076-424-1111
新潟伊勢丹ホビーラホビーレ	025-241-6062
ながの東急ホビーラホビーレ	026-226-8181
松本井上ホビーラホビーレ	0263-33-1150

関西

梅田阪急ホビーラホビーレ	06-6361-1381
阿倍野近鉄ホビーラホビーレ	06-6624-1111
大阪高島屋ホビーラホビーレ	06-6631-1101
守口京阪ホビーラホビーレ	06-4250-1251
堺北花田阪急ホビーラホビーレ	072-255-2605
京都高島屋ホビーラホビーレ	075-221-8811
京都トランテアンホビーラホビーレ	075-392-8119
京都北山トランテアンホビーラホビーレ	075-702-1502

中国

| そごう広島店ホビーラホビーレ | 082-511-7688 |
| 福屋広島駅前店ホビーラホビーレ | 082-568-3640 |

九州

福岡岩田屋ホビーラホビーレ	092-723-0350
大分トキハホビーラホビーレ	097-532-4130
鹿児島山形屋ホビーラホビーレ	099-227-6090

株式会社ホビーラホビーレ

〒140-0011　東京都品川区東大井5-23-37
TEL.03-3472-1104（代）　FAX.03-3472-1196
http://www.hobbyra-hobbyre.com

月居良子＋H.H.

月居良子　つきおり・よしこ
女子美術短期大学卒業後、アパレル勤務などを経て独立。フリーのソーイングデザイナーに。
赤ちゃん服、子ども服から婦人服、小物作りまで得意分野は幅広く、
著書も『女の子の憧れドレス』（文化出版局）、『私だけの手作りバッグ』（世界文化社）など多数ある。
この本では、手作り大好き集団H.H.とコラボレートし、
「手作りは楽しいこと。若いおかあさんにもっと手作りをしてほしい」という思いでデザイン、製作をした。

staff
装丁、レイアウト／天野美保子
撮影／大段万智子
スタイリング／伊東朋恵
ヘア＆メイク／中野泰子
モデル／ユマ・ベイリー
トレース／薄井年夫
作り方解説／黒川久美子
パターントレース／スタジオt&k
編集／堀江友恵

おんなのこの服、てづくりの服

2005年5月1日　第1刷発行
2005年6月20日　第3刷発行
著　者　月居良子＋H.H.
発行者　大沼　淳
発行所　文化出版局
　　　　〒151-8524　東京都渋谷区代々木3-22-7
　　　　tel.03-3299-2487（編集）
　　　　tel.03-3299-2540（営業）
印刷所　株式会社文化カラー印刷
製本所　株式会社明泉堂

お近くに書店がない場合、読者専用注文センターへ　🕿 0120-463-464
ホームページ　http://books.bunka.ac.jp/